UNE

# PAGE DE L'HISTOIRE

DE LA

## GUERRE AVEC LA PRUSSE

1870-1871

Clichy. — Imprimerie Paul Dupont, rue du Bac-d'Asnières, 12 (1898. 7).

# UNE

# PAGE DE L'HISTOIRE

## DE LA

## GUERRE AVEC LA PRUSSE

1870-1871

PAR

ALPHONSE DILHAN,

MEMBRE DU CONSEIL MUNICIPAL D'ABLIS.

***

### SAC, PILLAGE ET INCENDIE DU VILLAGE D'ABLIS

(SEINE-ET-OISE)

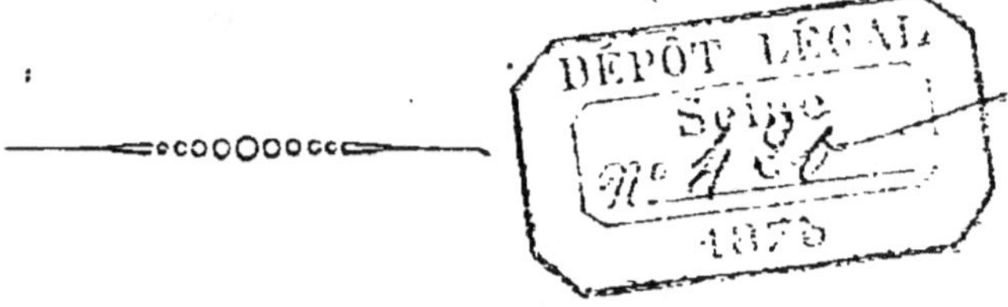

CLICHY

IMPRIMERIE PAUL DUPONT,

RUE DU BAC-D'ASNIÈRES, 12.

1875

# PRÉFACE

Ceci est de l'histoire.

Dans le douloureux récit de cette tragique catastrophe qui s'appelle *sac, pillage et incendie du village d'Ablis*, nous certifions que tous les faits, quelque étranges qu'ils puissent paraître, sont de la plus exacte et de la plus scrupuleuse vérité.

Ceux qui ont été en situation de pouvoir, par eux-mêmes, se rendre compte de la méthode de terrorisation adoptée par les Allemands coalisés dans cette fatale et funeste guerre, comprendront bien qu'il n'est pas nécessaire de forcer la note, ni de charger les détails, pour montrer sous son véritable jour tout l'odieux de la tactique militaire prussienne.

Si nous n'avons pas entrepris plus tôt de raconter ce triste drame, c'est que nous avons voulu laisser à nos légitimes colères le temps de se calmer. Nous avons attendu que le sang-froid nous fût revenu, afin de soustraire notre esprit aux influences de la haine que l'infamie et la férocité à froid de ces hordes germaines avaient allumée en nous ; en un mot, nous avons patienté jusqu'à ce que la passion, enfin calmée, nous permit d'envisager les événements passés avec la liberté d'esprit de l'historien impartial qui écrit *ad narrandum, non ad probandum,* pour raconter, non pour prouver.

Nous laissons parler les faits.

# PROLOGUE

---

**Journée du 25 septembre 1870. — Ses suites.**

Le 25 septembre 1870, vers midi, quelques habitants d'Ablis aperçurent, sur la route de Rambouillet, à sa sortie du bois des *Faures*, appartenant à M. de la Rochefoucauld, duc de Bisaccia, un détachement de cuirassiers blancs qui se dirigeait vers le village.

(Rambouillet était occupé par les Prussiens depuis le 21.)

Ce détachement s'arrêta, un quart d'heure environ, à la limite du bois, puis il continua son chemin vers Ablis.

Pendant ce temps, cent personnes, au moins, s'étaient réunies à l'entrée du village ; mais cette masse, d'ailleurs sans armes, ne parut pas intimider les Prussiens.

Le détachement était précédé de deux cavaliers et d'un brigadier qui marchaient haut le pistolet.

Devant eux, la foule s'ouvrit, et quand ils furent parvenus au lieu dit *les Quatre Coins*, au centre du village, le gros du détachement, qui s'était arrêté quelques instants, reprit sa marche et se dirigea du côté de Saint-Arnoult, sur la route nationale de Paris à Chartres.

Parvenu à un kilomètre environ d'Ablis, il revint sur

ses pas, traversa de nouveau le village, et, arrivé au point
où il s'était primitivement arrêté, fit halte, mit pied à terre
et demanda à manger.

Le conseiller municipal faisant fonctions de maire,
M. Marcille, lui fit distribuer du pain, du vin, du saucisson
et du beurre.

Les cuirassiers, ayant déjeuné, remontèrent à cheval.

Pendant que le plus grand nombre reprenait la route
de Rambouillet, deux cavaliers et un brigadier traversaient
de nouveau le village et prenaient à travers champs pour
rejoindre leurs camarades, tout en reconnaissant le pays.

M. Marcille leur voyant prendre la direction de sa ferme,
située à deux kilomètres environ d'Ablis, les suivit en
courant, afin d'être chez lui au moment de leur arrivée;
mais les cavaliers ayant continué leur route, M. Marcille
revint vers Ablis.

Malheureusement pour lui, les Prussiens avaient vu sa
manœuvre, et, lorsque quelques minutes plus tard, en
traversant le bois, le détachement reçut trois coups de feu,
les hommes d'arrière-garde furent convaincus qu'un signal
avait été donné par lui.

Ces coups de fusil n'atteignirent personne, mais ils
arrêtèrent la marche des cuirassiers. Ceux-ci galopèrent
sur la lisière du bois pour chercher à surprendre les tireurs,
mais sans résultat; alors, la majeure partie du détachement
se dirigea au galop sur Ablis en vociférant en allemand.

M. Marcille fut au-devant de lui, et, au milieu d'un
torrent d'injures et de menaces, reçut de l'officier l'ordre
d'indiquer les auteurs de l'attentat.

Il répondit que ce n'étaient point les habitants d'Ablis
qui avaient tiré, et qu'il s'en portait garant; mais, après de

longues hésitations, il fut obligé de donner au commandant prussien les noms des villages voisins.

A ce moment, quelques témoins de cette scène, indignés des injures et des menaces proférées par les cuirassiers, prirent une attitude hostile : ce que voyant, les Prussiens tombèrent sur eux à coups de plat de sabre.

L'officier exigea qu'on lui livrât les armes de chasse.

Sur son ordre, M. Marcille dut faire battre le tambour pour prévenir ceux qui en possédaient qu'ils eussent à les apporter aussitôt, sinon, qu'ils courraient le risque d'être fusillés.

Quelques habitants répondirent à cet appel. Alors les Prussiens réclamèrent les armes des pompiers.

On les leur livra.

Au cours de l'opération, le brigadier, croyant reconnaître en M. Marcille l'homme qui avait suivi ses cavaliers par les champs, le frappa de son sabre avec une extrême violence. M. Bailly, autre conseiller municipal, fut également maltraité par ce soudard, et sans motif aucun.

Les armes livrées, l'officier requit un homme, un cheval et une charrette pour les emporter à Rambouillet.

Malheureusement, deux jeunes gens furent emmenés aussi, et voici dans quelles circonstances.

Nous avons dit que, après les coups de feu, le gros du détachement était revenu sur Ablis; mais, deux ou trois cavaliers avaient continué à rechercher les coupables. Ils avaient rencontré trois jeunes gens revenant de la maraude aux noix. Les cavaliers prirent pour des marques de poudre les taches que ces fruits avaient laissées aux doigts des jeunes garçons; ils les arrêtèrent et les conduisi-

-rent à l'officier. Celui-ci, après une enquête moins que sommaire, relâcha le plus jeune et emmena les deux autres à Rambouillet pour y être jugés et fusillés.

Au moment de partir, il intima à MM. Marcille, Bailly et Barbier d'avoir à le suivre jusqu'au bois des Faures, dans le but évident de les garder comme otages si l'on tirait de nouveau sur eux.

Cette crainte ne s'étant point réalisée, ces messieurs furent rendus à la liberté et ils revinrent à Ablis.

Aussitôt, les membres du conseil municipal se réunirent à la mairie et résolurent de faire prévenir M. Noguette, maire de Prunay-sous-Ablis, sur le territoire duquel les coups de feu avaient été tirés.

Un messager, porteur d'une lettre (*voir la pièce n° 1 à la fin de la brochure*), lui fut envoyé ; il le rencontra en route venant au bourg.

Le conseil se réunit de nouveau après l'arrivée de M. Noguette. Dans l'intervalle, l'on avait appris que les coups de fusil avaient été tirés par M. Cordry, instituteur à Craches, assisté d'un autre jeune homme appelé Lenormand. M. Barbier, membre du conseil municipal, proposa de les livrer aux Prussiens en échange des deux habitants d'Ablis emmenés prisonniers.

M. Noguette protesta énergiquement contre ce projet ; il déclara qu'il était tout prêt à se rendre à Rambouillet pour obtenir l'élargissement des deux innocents, mais qu'il se refusait absolument à livrer qui que ce fût.

La proposition de M. Barbier parut abandonnée.

Sur le refus de M. Barbier d'accompagner M. Noguette, M. Marcille s'offrit, et ils partirent aussitôt pour Rambouillet, ou ils arrivèrent vers 7 heures, non sans avoir été interrogés plusieurs fois par des cavaliers allemands.

Ils se rendirent aussitôt à la sous-préfecture, et prièrent le sous-préfet, M. de Fontanelles (qui plus tard fut envoyé prisonnier en Allemagne pour s'être refusé à aider les Prussiens dans le prélèvement de leurs réquisitions), de les accompagner auprès du commandant prussien.

Le sous-préfet refusa, par la raison que, les officiers étant à table et l'heure étant trop avancée, il ne pouvait s'exposer à être mal reçu. Il promit du reste d'intervenir dès le lendemain matin. Cependant il fit à M. Noguette l'offre de son écharpe. M. Noguette accepta avec empressement, et, suivi de M. Marcille, il se rendit à l'hôtel Bary, où étaient réunis les officiers prussiens.

Voici le récit que M. le maire de Prunay a fait de sa démarche, véritable mission officielle, car M. Noguette avait reçu du conseil municipal et des notables d'Ablis un pouvoir écrit (*voir la pièce n° 2 à la fin de la brochure*), pour obtenir l'élargissement des prisonniers.

(*) « Nous nous présentâmes à l'hôtel du *Lion-d'Or*, et nous fûmes introduits dans une salle à manger où une douzaine d'officiers, entourant la table, fumaient en buvant du champagne. Nous expliquâmes que, étant les maires d'Ablis et de Prunay, nous venions en parlementaires pour l'affaire des otages, et, affirmant qu'une enquête avait été faite dans nos communes, nous répondîmes sur notre honneur et sur notre tête que les deux otages étaient innocents, que leurs soldats avaient sans doute été attaqués par des braconniers ou des francs-tireurs étrangers à la localité. Un officier

(*) Archives de Seine-et-Oise.

nous répondit : *Nous croyons cela vrai. Nous avons été
déjà tirés plusieurs fois par des braconniers et des francs-
tireurs dans la forêt de Rambouillet.* Néanmoins, sur un
signe d'un autre officier (celui qui commandait le matin les
cuirassiers à Ablis), M. Marcille fut placé entre deux soldats et conduit en prison, après avoir vainement essayé de
s'expliquer. Je protestai au nom du droit des gens contre
cette violation faite à un parlementaire, et, ne voulant pas
quitter M. Marcille, je demandai à être emmené avec lui. On
me répondit d'un air railleur : *Vous protester, nous la
force.* M. Marcille emmené, on me dit d'expliquer pourquoi
il avait été rencontré près du bois des Faures par des
soldats quelques instants après les coups de feu, que sans
doute il venait de donner le signal de l'attaque. Je répondis :
M. Marcille est cultivateur, il habite une ferme située près
du bois des Faures, et après votre départ d'Ablis, absent
de chez lui depuis le matin, il s'empressait de se rendre à
sa ferme, lorsque vous l'avez rencontré près du bois.
S'il avait été coupable, il ne se serait pas présenté devant vous. Après m'avoir entendu, il me fut expliqué
que les francs-tireurs feraient le malheur de nos campagnes. Prévenez-en vos habitants, me dirent-ils, s'ils logent
et soutiennent les francs-tireurs, ils s'exposent à être incen-
diés par notre armée. Pendant mon interrogatoire, le
commandant m'ayant offert des cigares et fait servir un
verre de champagne, je les lui refusai, en disant que je
ne voulais pas boire avec les ennemis de mon pays.

« Avant de me congédier, le commandant me délivra
un laisser-passer, m'ordonnant de me rendre dans ma
commune et d'informer les habitants que, le lendemain, des
cuirassiers viendraient cerner le bois des Faures. S'il est
tiré un seul coup de fusil sur mes hommes, dit-il, je vous
rends responsable et vous fais fusiller. Commandez à vos

habitants de battre le bois pour s'assurer s'il n'y a pas de francs-tireurs.

« Ne voulant pas accepter cette surveillance, je répondis qu'étant la force ils pouvaient se défendre eux-mêmes, et je me retirai après qu'il m'eût été promis que les deux otages seraient mis en liberté le lendemain, ainsi que M. Marcille.

« Parti seul de Rambouillet vers minuit, j'arrivai au hameau de Labbé à une heure du matin. Là, les habitants ayant appris notre voyage attendaient notre retour. Ils m'apprirent que, en l'absence de M. Marcille, M. Barbier, faisant les fonctions de maire, avait ordonné à trois conseillers municipaux de Craches, venus à Ablis après notre départ pour Rambouillet, de faire arrêter les sieurs Cordry et Lenormand, et de les livrer aux Prussiens pour obtenir la mise en liberté des otages d'Ablis; de plus, ils m'affirmèrent que l'instituteur était arrêté et qu'on se disposait à le livrer. Je m'empressai d'aller à Craches, où je trouvai l'instituteur pieds et poings liés, gardé à vue au corps de garde par les gardes nationaux en armes. L'adjoint, lieutenant de la garde nationale, me dit : Sur l'ordre du maire d'Ablis, nous avons arrêté le sieur Cordry, et nous allons le livrer aux Prussiens pour délivrer les deux otages d'Ablis emmenés innocemment.

« Indigné de cet acte honteux, je fis détacher le sieur Cordry, lui disant que j'admirais son patriotisme, mais qu'une défense aussi isolée ne pouvait donner aucun résultat utile. Puisque vous êtes jeune et désireux de défendre votre patrie, lui dis-je, allez à Chartres et engagez-vous dans l'armée; ce qu'il fit.

« Aussitôt cette délivrance, je retournai à Ablis. Là, comme ailleurs, toute la population en attente était sur pied; je rendis compte de mon voyage aux conseillers et aux habitants, et j'eus la douleur d'être blâmé par le maire de la mise en liberté du sieur Cordry.

« Rentré chez moi, je fis mettre en sûreté tous les fusils des pompiers et des gardes nationaux, et j'allai attendre à la mairie la menace des Prussiens. Pas un ne vint.

« Informé que les deux otages, ainsi que M. Marcille, n'étaient pas encore arrivés à Ablis, contrairement à la promesse qui m'avait été faite, je m'y rendis vers 4 heures du soir, et me fis délivrer une commission parlementaire signée des conseillers et de tous les habitants pour délivrer M. Marcille et les deux jeunes gens.

« Avant d'arriver à Rambouillet, j'eus la joie de rencontrer M. Marcille, venant d'être mis en liberté ; et, sur son affirmation que les deux jeunes gens l'étaient aussi, nous revînmes à Ablis. »

Enregistrons tout de suite, pour n'avoir plus à y revenir, les résultats concernant l'affaire de l'instituteur de Craches.

Une fois la paix faite, M. Cordry, l'instituteur, reprit possession de son poste, sur la demande du conseil municipal qui représentait l'unanimité des habitants. (*Voir la pièce n° 3, à la fin de la brochure*).

Quelque temps après, à la suite du refus de M. Noguètte de siéger dans la commission cantonale pour l'instruction primaire à côté du maire qui avait ordonné d'arrêter un instituteur et de le livrer aux Prussiens, l'inspecteur primaire vint à Craches et à Ablis, prit quelques informations, et, quinze jours écoulés, M. Cordry, qui ne demandait ni changement ni avancement, fut envoyé aux Bréviéres, près Rambouillet.

Le conseil municipal de Craches vit dans ce changement une disgrâce imméritée ; il s'assembla, convoqua les plus imposés et prit la délibération suivante :

« M. le maire donne lecture de la décision préfectorale en date du 13 courant, par laquelle M. l'instituteur Cordry, nommé aux Brévières, est remplacé dans la commune.

« Il expose qu'en raison des investigations récentes de M. l'inspecteur, cette mutation, nullement sollicitée, regrettable pour la commune, désireuse de conserver un instituteur dont elle était très-satisfaite (*voir la pièce n° 4 à la fin de la brochure*), peut être considérée comme la conséquence de l'affaire du 25 septembre 1870.

« Il ajoute que, pour l'honneur de la commune de Craches, irresponsable de ce fait dont elle n'est pas cause, il est du devoir du conseil d'inviter l'autorité supérieure à procéder à une enquête sur cette affaire.

« Le conseil, après avoir mûrement délibéré :

« Considérant que, le 25 septembre 1870, la commune, en arrêtant l'instituteur, n'a obéi qu'aux ordres donnés à deux conseillers par M. Barbier, conseiller municipal à Ablis, remplissant alors les fonctions de maire, et dans la crainte d'être victime de ses menaces (*Voir la pièce n° 5, à la fin de la brochure*) ;

« Considérant qu'il est juste que la honte de cette action retombe sur celui qui en est souillé ;

« Demande qu'une enquête minutieuse soit ordonnée par l'autorité supérieure, dans le but d'établir la véracité des faits cités ci-dessus.

« Fait et délibéré le 26 mai 1872.

« Ont signé les conseillers municipaux et les plus imposés. »

L'administration refusa l'enquête demandée par le conseil municipal de la commune de Craches, et annula la délibération de cette assemblée dans les termes suivants :

« Nous, préfet de Seine-et-Oise, chevalier de la Légion d'honneur, séant au conseil de préfecture, où étaient présents : MM. de Rouvray, baron Normand, baron de Savigny et de Crozé ;

« Vu, sous la date du 26 mai 1872, une délibération par laquelle le conseil municipal et les plus imposés de la commune de Craches ont demandé une enquête sur les faits qui ont amené le déplacement de M. Cordry, instituteur ;

« Vu l'avis de M. le sous-préfet de Rambouillet, en date du 14 juin 1872 ;

« Vu les lois des 18 juillet 1837 et 5 mai 1855 ;

« Considérant qu'abstraction faite des inexactitudes et des insinuations malveillantes que contient la délibération précitée, cette délibération porte sur un objet étranger aux attributions du conseil municipal et des plus imposés, attributions définies par l'article 42 de la loi du 18 juillet 1837 ; qu'aux termes de l'article 23 de la loi du 5 mai 1855 cette délibération est nulle de plein droit ;

« L'avis du conseil de préfecture entendu,

« Arrêtons :

« Art. 1er. Est et demeure annulée la délibération du 26 mai 1872, par laquelle le conseil municipal et les plus imposés de la commune de Craches ont demandé une enquête sur les faits qui ont amené le déplacement de l'instituteur.

« Art. 2. Mention de notre décision sera inscrite en marge de ladite délibération.

« Art: 3. M. le sous-préfet de Rambouillet est chargé d'assurer l'exécution du présent arrêté.

« Signé : DE CHAMBON. »

Le conseil municipal de Craches donna alors sa démission collective; mais cette démission ne fût pas acceptée, attendu que la loi exige une démission individuelle.

Pour des raisons étrangères à notre récit, le conseil resta en fonctions; seul l'adjoint, M. Cornu, persista dans sa démission et fut remplacé.

# INCENDIE D'ABLIS.

## Soirée du 7 octobre.

Le 7 octobre, vers sept heures et demie du soir, un escadron de hussards du Schleswig-Holstein, n° 16, sous les ordres d'un commandant, arriva à Ablis.

On sut plus tard qu'il formait l'avant-garde d'un corps d'armée, sous les ordres du major général von Schmidt, partant du Mesnil-Saint-Denis pour se rendre à Orléans.

Après quelques paroles adressées à ses hommes rangés en bataille, le commandant requit le conseiller municipal faisant fonctions de maire, M. Bailly, de loger les cavaliers et les chevaux : ce qui fut fait.

Cet officier reçut l'hospitalité chez M. Barbier, conseiller municipal, qui aidait son collègue, M. Bailly, dans ses fonctions de maire *ad interim*.

A huit heures et demie, une compagnie d'infanterie bavaroise, venant de Rambouillet, arriva également à Ablis et logea aussi chez l'habitant. Elle construisit immédiatement quatre barricades qui devaient défendre l'entrée du village sur les deux routes qui se croisent au centre; des postes furent établis en dedans des barricades et un factionnaire veillait à la sécurité de chacun de ces postes.

Vers minuit, M. Barbier fut requis de loger 30 artilleurs qui arrivaient avec deux fourgons. Comme la gendarmerie était évacuée, non-seulement par les gendarmes, mais par leurs familles, on la leur donna pour logement.

A minuit, il y avait donc dans Ablis environ 150 cavaliers, 120 fantassins et 30 artilleurs.

On comprend que nous ne puissions pas indiquer exactement l'effectif de ces détachements.

Mais ce que nous pouvons affirmer, c'est que, contrairement aux instructions qui régissent les corps de troupes en marche en pays ennemi, pas une grand'garde de cavalerie n'avait été établie à une distance quelconque du village.

On nous a dit que, de ce fait, le chef du détachement avait passé devant un conseil de guerre réuni au Mesnil-Saint-Denis, le 12 octobre 1870, mais nous ignorons s'il fut condamné.

Une partie de l'escadron de cavalerie avait été logée, hommes et chevaux, chez M. Albert Thirouin, important fermier d'Ablis.

Or, au moment où les hussards arrivaient à la ferme, M. Thirouin se disposait à partir, avec son garçon de cour, pour aller au-devant de ses vaches que, par prudence, il avait envoyées en Beauce, chez son beau-frère, et qu'il faisait revenir.

Le moment était mal choisi pour recevoir des bêtes à cornes, et M. Thirouin le comprit. Quitter sa ferme était également imprudent. Aussi se décida-t-il à envoyer au-devant de son troupeau le garçon de cour Michel accompagné d'un ouvrier nommé Peschot.

Ces deux hommes eurent quelque peine à sortir d'Ablis, mais ils y parvinrent et gagnèrent Auneau (*) sans encombre. C'était là que les vaches devaient rester. Michel était porteur d'une lettre de M. Thirouin pour M. Dujonquoy, maître d'hôtel et maire de ce chef-lieu de canton.

Cette lettre fut remise à son destinataire au moment où il faisait distribuer des vivres à 20 francs-tireurs qui venaient d'arriver sous la conduite d'un caporal, et, en la lui remettant, le porteur dit :

« Voici une lettre qui annonce qu'Ablis est plein de Prussiens. »

Ainsi prévenu, le caporal se rendit à l'hôtel où était le garçon de cour et le requit de le suivre au corps de garde, où il le consigna pour servir de guide au cas où les francs-tireurs partiraient pour Ablis ; puis, ayant demandé un cabriolet et un cheval à M. Dujonquoy, il se rendit à Denonville, où étaient les 1re et 7e compagnies du 2e bataillon des francs-tireurs de la Seine, sous les ordres de Lipowski et de La Cécilia.

A trois heures du matin, 180 francs-tireurs étaient réunis à Auneau, et ils partaient quelques instants plus tard pour attaquer les Allemands de passage à Ablis.

Comme on le voit, et cela a une grande importance, le colonel Lipowski fut prévenu d'une façon toute accidentelle de la présence de l'ennemi à Ablis.

(*) Chef-lieu de canton du département d'Eure-et-Loir, à 10 kilomètres d'Ablis.

### Matinée du 8 octobre.

Ici, nous nous trouvons en présence de deux narrations : les uns prétendent que l'attaque commença à la porte d'Orléans, les autres à la porte de Chartres. Tous ont probablement raison.

Il était à peine cinq heures du matin ; or, à cette heure-là, au mois d'octobre, peu de personnes sont levées.

Voici ce que raconte le sieur Braut-Pommereau, cultivateur à Ablis :

« Je venais de sortir de chez moi, et, ignorant qu'il y eût des Prussiens à Ablis, j'allais à mon ouvrage me dirigeant vers le centre du bourg par la route d'Orléans, lorsque arrivé à l'angle du mur de clôture du jardin de M. Loise, j'essuyai un coup de fusil parti d'une barricade que je vis à la lueur du coup ; en même temps quelqu'un me cria de me jeter à plat-ventre. Je fis quelques pas en courant, et entendant d'autres coups de feu partis de la route que je venais de quitter, je suivis le conseil qui venait de m'être donné et me couchai devant la petite porte du jardin de M. Loise. Quelques instants après, cette porte s'ouvrit vivement et je vis deux Prussiens, que je sus plus tard être des officiers logés chez ce propriétaire, s'enfuir précipitamment. Je fis comme eux et je regagnai ma maison. »

Ceux qui prétendent que le combat s'est engagé à la porte de Chartres racontent ceci :

« Un franc-tireur fort adroit se glissa, à la faveur de l'obscurité et d'un fossé, à vingt pas environ d'un factionnaire prussien placé sur un tas de terre à l'endroit dit *la Madeleine*, et l'abattit d'un coup de fusil.

« Ce fut le signal d'une attaque générale. »

En effet, à l'endroit indiqué, on releva un Bavarois mortellement blessé.

Ce qu'il y a de certain c'est que le colonel Lipowski, en ordonnant l'attaque à la porte d'Orléans, avait dirigé un petit détachement vers la porte de Chartres. Les deux versions se trouvent ainsi expliquées.

Les Allemands, surpris, ne se défendirent pas, et, à six heures, une heure après l'attaque, tout était fini : ceux qui n'avaient pas été tués, blessés ou faits prisonniers avaient pris la fuite.

Tout cela ayant eu lieu pendant la nuit, et hors de toute complicité de la part des habitants, personne ne sut très-exactement ce qui s'était passé pendant le combat.

Voici pourtant les incidents qui ont pu être constatés :

Un malheureux tailleur nommé Bée, père de six enfants, entendant les coups de fusil et mû par un sentiment des plus louables, sort de chez lui pour aller chercher une vieille femme, sa voisine, et la protéger au besoin. Au moment où il rentre, il reçoit un coup de feu qui le tue raide. La balle avait frappé l'angle de pierre de sa porte et l'avait tué par ricochet.

Il est à peu près certain qu'il a été atteint par les francs-tireurs.

Nous avons dit que trente artilleurs étaient logés à la gendarmerie. Un zouave, le nommé Piche, marchand de tabac, rue Saint-Denis, à Paris, y pénètre, les met en joue et les fait tous prisonniers.

Le commandant des hussards était logé chez M. Barbier. Celui-ci entendait les coups de fusil, et l'officier ne bougeait pas. Cela l'intriguait fort, mais il n'osait le prévenir, de crainte de recevoir un coup destiné à un franc-tireur. Il se met à la recherche de l'ordonnance et la prévient du danger. Celle-ci monte chez le commandant, et M. Barbier l'y suit. L'officier boutonnait son gilet. Interrogé par M. Barbier sur l'opportunité qu'il y aurait à faire descendre les femmes dans les caves, il répond que ça n'est pas la peine, que ça ne sera rien, puis il se place à la fenêtre. A peine y est-il, qu'une balle passe au-dessus de sa tête. Il sort alors et monte sur un cheval qui passait sans cavalier. Arrivé à la barricade placée à quelques mètres de là, le cheval tombe atteint d'un coup de feu. L'officier se dégage, saute la barricade et se sauve. Quelques pas plus loin, il est frappé d'une balle, et, quoique blessé, parvient à monter sur un autre cheval et à fuir dans la direction de Rambouillet.

Il est mort dans cette ville le lendemain.

Ce coup de main coûta aux francs-tireurs :

1 homme tué.

4 blessés.

Aux Prussiens :

2 hommes tués,
4 blessés,
68 prisonniers,
105 chevaux capturés,
20,000 francs environ d'armes et de matériel.

Les francs-tireurs requirent des chevaux et des voitures pour transporter le matériel dont ils s'étaient emparé, et, à six heures et demie, le village était évacué par eux.

---

### Journée du 8 octobre.

Nous avons dit que les cavaliers surpris à Ablis formaient l'avant-garde d'un corps allemand qui se dirigeait vers Orléans.

Ce corps était en route pour Ablis lorsqu'il rencontra les fuyards.

Nous avons tout lieu de croire que ceux-ci furent unanimes à dénoncer les habitants de ce village comme étant les auteurs ou les complices de l'attaque du matin.

Aussi, lorsque la tête de colonne arriva aux portes d'Ablis, fut-il aisé de voir qu'officiers et soldats étaient animés d'un féroce esprit de vengeance.

Autant qu'il fut possible d'en juger par son développement, la colonne devait se composer de 8 à 10,000 hommes de troupes de toutes armes. Elle possédait plusieurs pièces d'artillerie qui furent placées en batterie dans les champs, à 1 kilomètre d'Ablis, sur la lisière droite du bois des Faures.

L'état-major s'arrêta au même endroit, lança une partie de la cavalerie dans toutes les directions à la poursuite des francs-tireurs, et de l'infanterie sur le village.

Les habitants, qui redoutaient les suites du coup de main des francs-tireurs, s'étaient renfermés chez eux, et les rues étaient désertes.

Les sapeurs, armés de haches, enfoncèrent les portes des premières maisons d'Ablis et en firent sortir les habitants.

Le médecin, M. Bétis, qui de chez lui retournait à l'ambulance soigner les blessés, fut requis par les soldats de les conduire chez le maire.

Ce fonctionnaire se trouvait à la mairie. Il fut conduit à la *laiterie*, où un poste important venait d'être établi.

MM. Barbier, Lancelin, conseillers municipaux, ambulanciers, et quelques habitants furent consignés à l'ambulance de la mairie, à la porte de laquelle l'on plaça deux factionnaires.

Pendant ce temps, les soldats se répandaient dans le village, enfonçaient les portes des maisons, saisissaient les hommes et les emmenaient par groupes de douze ou quinze au bois des Faures où se trouvait l'état-major.

Aussitôt leur arrivée, on faisait le simulacre de se préparer à les fusiller ; ordre était donné à un peloton de cavalerie de se placer en face d'eux, à vingt pas environ, et d'apprêter les armes.

Cette cruelle scène se répéta plusieurs fois, et une centaine d'hommes se crut à plusieurs reprises sur le point de mourir.

Mais telle n'était pas la pensée des Allemands.

N'oublions pas de dire que le pillage, commencé à l'arrivée des troupes, continuait sans opposition possible.

Vers neuf heures et demie, on fit sortir M. Marcille, conseiller municipal, du groupe réuni au bois des Faures, et un cuirassier blanc le conduisit à Ablis.

En passant devant la laiterie, M. Bailly, qui, comme nous l'avons dit, y avait été consigné, fut réuni à M. Marcille, et tous deux, en arrivant devant la mairie, reçurent l'ordre de réunir 5,000 francs, 12 vaches et tout le sucre et le café qu'il y avait dans le village. Il leur est signifié que, si la somme n'est pas versée dans deux heures, le village sera livré aux flammes.

A ce moment, il pouvait être onze heures et demie du matin.

Le pillage durait toujours.

MM. Bailly et Marcille, auxquels s'étaient joints MM. Thirouin père et fils et M. Labiche, renvoyés du bois des Faures pour les aider, escortés par un officier de dragons et cinq cavaliers, se mirent à courir les maisons, et, avant l'expiration du délai fixé par l'ennemi, les 5,000 francs étaient entre les mains de l'officier qui commandait l'escorte. Il en délivra un reçu en français et signa « pour le comte von Gröben ».

Ce reçu, laissé à la mairie, fut brûlé quelques heures après avec cet édifice, qui, quoique transformé en ambulance, fut complétement détruit intentionnellement au moment de la retraite.

Quand les Prussiens furent en possession des 5,000 francs,

ils requirent les douze vaches, le sucre et le café. On rendit la liberté à MM. Marcille et Thirouin, afin qu'ils pussent réunir les bêtes à cornes. Ce dernier, en partant pour cette pénible mission, eut la douleur de voir enlever de la ferme de son fils tout ce qui y était renfermé, meubles, grains et bestiaux.

Nous devons dire, avant d'aller plus loin, que cet honorable vieillard, chef d'une des familles les plus considérables de la Beauce, maire d'Ablis pendant vingt-deux ans, fut maltraité de la façon la plus cruelle par les Allemands. Pendant plusieurs heures, il ne cessa d'être traîné de rue en rue, frappé par une soldatesque ivre de fureur et d'eau-de-vie, sans cesse excitée par un officier qui avait logé chez lui la veille et qui le croyait ou feignait de le croire complice des francs-tireurs.

Mentionnons aussi l'héroïque dévouement de mademoiselle Céline Thirouin, qui, certainement, sauva la vie de son père en cette journée néfaste.

Cette malheureuse jeune fille, douée de tous les dons du cœur et de l'esprit, aimée de tous ceux qui la connaissaient, adorée de sa famille, fut tellement bouleversée des périls courus par son père et de l'effroyable scène de désolation qu'elle eut pendant plusieurs heures sous les yeux, qu'elle prit le germe d'une maladie qui la conduisit au tombeau trois ans après.

Mais reprenons notre récit.

M. Marcille, ne pouvant songer à réunir les bêtes à cornes demandées, puisque les Allemands s'emparaient de tout, pria l'officier qui l'avait déjà escorté de lui faciliter les moyens de parler au général en chef.

Il y consentit, mais M. Marcille ne réussit qu'à se faire consigner au poste établi aux Quatre-Coins.

Là, le colonel Grüme, qui paraît avoir présidé au sac d'Ablis, demanda de l'avoine.

M. Bailly répondit que, la veille, on en avait livré cent sacs au hameau du Bréau et qu'il n'y en avait plus de battue.

Alors le colonel envoya chercher les prisonniers, qui depuis le matin étaient au bois des Faures, pour leur faire battre de l'avoine.

Cette opération fut commencée dans plusieurs fermes, particulièrement dans celle de M. Daix, où les chevaux attelés à la batteuse furent brûlés, parce que les Allemands s'étaient opposés à ce qu'on les dételât.

Et le pillage durait toujours!

Vers deux heures, tous les prisonniers furent rendus à la liberté. On les prévint alors que le village allait être livré aux flammes, et qu'ils n'avaient qu'une heure pour évacuer leurs maisons.

Ce n'était point une vaine menace.

Les Allemands tinrent parole. A trois heures, le feu était mis de tous côtés, à la torche et au prétrole, et les soldats emmenaient sur la route de Rambouillet, à l'entrée du village, tous les habitants qui, malgré l'ordre donné, avaient été trouvés cachés dans leurs maisons ou dans celles des autres.

C'est ainsi que M. Barbier, conseiller municipal — dont nous avons parlé à propos de l'affaire de l'instituteur de Craches, et qui va bientôt reparaître faisant les fonctions de

maire en remplacement de M. Bailly, qui va quitter le pays,
— fut fait prisonnier, avec plusieurs autres personnes, dans
le sous-sol de la maison de M. Loise.

Mais, dans cette foule, se trouvaient des femmes et des
enfants dont les Prussiens n'avaient que faire.

Ils les renvoyèrent et conservèrent seulement vingt-deux
prisonniers de tout âge (*Voir la pièce n° 6 à la fin de la
brochure*).

Ces malheureux furent placés entre deux haies de Bavarois, et la colonne entière reprit le chemin du Mesnil-
Saint-Denis.

Ainsi donc le coup de main des francs-tireurs, s'il amena
la ruine d'un village et s'il causa la mort de cinq habitants
inoffensifs, eut aussi pour résultat d'arrêter la marche du
corps d'armée du major général von Schmith, et de retar-
der de treize jours l'occupation de la ville de Chartres.

Nous pourrions, si nous faisions un roman, nous étendre
sur l'épouvantable scène de désolation qu'offrait à cet instant
le village d'Ablis. Les habitants affolés s'enfuyant sur
les quatre principales routes qui se dirigent vers Paris,
Etampes, Chartres et Rambouillet; les postes allemands
établis sur ces routes les arrêtant le plus souvent et les
faisant rétrograder vers le village converti en fournaise;
les cris des enfants, les pleurs des femmes, les supplications
des familles des prisonniers, les imprécations et les hurrahs
de triomphe de la soldatesque allemande, ivre de vin et
d'eau-de-vie, tout cela éclairé par l'incendie de cent maisons,
voilà le spectacle que les infâmes auteurs de ce crime inqua-
lifiable avaient sous les yeux.

Les vingt-deux prisonniers ne furent en butte à aucun

mauvais traitement, et ils entrèrent à Rambouillet, la musique jouant une marche funèbre.

Écroués à la prison de la ville, ils ne purent rien obtenir du geôlier, et repartirent le lendemain, à jeun, attachés quatre à quatre par les coudes. D'abord, les cavaliers qui les escortaient prirent à tâche de les faire passer sur les pierres et dans les flaques d'eau ; mais, plus tard, soit que la surveillance des officiers fût moins active, soit qu'ils se lassassent, les otages furent mieux traités ; on desserra leurs liens et on leur donna une bouteille de vin et une autre de cognac.

Les otages arrivèrent au Mesnil-Saint-Denis à trois heures de l'après-midi. Jusqu'à 4 heures, ils subirent un interrogatoire du général von Schmidt, qui paraissait convaincu que les hussards avaient été massacrés par les francs-tireurs et que les habitants étaient leurs complices.

Les prisonniers furent unanimes à protester de leur innocence et à rassurer le général prussien sur le sort de ses cavaliers.

« Les francs-tireurs sont des soldats français, lui répondit l'instituteur d'Ablis, et ils sont incapables de massacrer des prisonniers. »

Le général, qui avait remarqué M. Barbier comme protestant très-énergiquement de l'innocence des otages, lui proposa de le mettre en liberté sous condition s'il consentait à rapporter les preuves de cette innocence. Il demanda aux autres prisonniers s'ils avaient confiance en lui, et il leur donna dix minutes pour se concerter et ratifier ce choix.

Le délai accordé par le général expiré, les otages déclarèrent placer leur confiance en M. Barbier, qui fut mis en

liberté à condition qu'il serait rentré au Mesnil le mercredi,
c'est-à-dire trois jours après.

Faute par lui de se constituer prisonnier le jour indiqué,
les vingt otages restants seraient fusillés.

Nous devons ajouter que M. Loise, un des vingt-deux
otages, recouvra sa liberté parce qu'il fit valoir qu'il avait
fait évader deux officiers allemands logés chez lui.

Le deuxième jour de leur détention, on distribua aux
prisonniers des manteaux de cuirassiers français, et ils
furent nourris par réquisition.

Le troisième jour, on leur demanda s'ils voulaient tra-
vailler; ils acceptèrent, afin de prendre un peu d'air et
d'exercice, et ils furent employés à mettre de l'ordre dans
les magasins prussiens.

Le quatrième jour, le mercredi, M. Barbier arriva porteur de lettres et de certificats qui furent soumis au conseil
de guerre, en ce moment assemblé.

Les prisonniers furent déclarés innocents, et M. Barbier
fut chargé de leur annoncer qu'ils seraient mis en liberté
le lendemain.

Nous prenons dans le rapport officiel fait par M. Barbier
le récit de son voyage à la recherche des preuves de
l'innocence de ses codétenus (*).

« Le général von Schmidt me dit : *Vous êtes le chef, si,
dans dix minutes, vous ne me dites point la vérité, vous
serez fusillé le premier.* Je lui répondis : Général, je vous

______
(*) Archives de Seine-et-Oise.

ai dit la vérité, je n'ai rien à ajouter, nous sommes tous innocents de ce que vous nous reprochez ; je ne rachèterai pas ma vie par un mensonge. — Aussitôt, il me donna ordre de le suivre et m'emmena au château, où nous eûmes un long entretien. « *Vous prétendez, me dit-il, prouver cette innocence. — Certainement, répondis-je, si vous m'en donnez les moyens.* »

« Je donnai ma parole de le faire et de revenir dans trois jours. Je partis en m'engageant à revenir le jeudi avant 4 heures du soir, sinon les 21 otages seraient fusillés. Je refusai tout engagement relatif à la mise en liberté des prisonniers allemands ; il insista et chercha à m'intimider par la menace ; voyant qu'il n'obtenait rien, il reprit : « *Voulez-vous, tout au moins, consentir à user de votre influence pour les faire délivrer et faire une démarche auprès du gouvernement de Tours.* »

« Cette condition ne m'engageant en rien, et ayant surtout en vue la délivrance de mes concitoyens, je consentis. »

« J'arrivai à Ablis au milieu de la nuit. Je trouvai ma maison brûlée ainsi que tout ce que je possédais. J'eus beaucoup de peine à retrouver ma femme qui était à Boinville ; enfin, quoique exténué de fatigue, je me rendis à Chartres, auprès du préfet, et, après lui avoir fourni les détails concernant ma mission, il fut convenu qu'il allait télégraphier à Tours, le temps me manquant pour y aller moi-même ; il me communiqua la réponse du gouvernement, qui fut ce que je l'attendais, négative. M. le préfet me remit une lettre pour le major général von Schmidt, et, sur ma demande, me donna connaissance de son contenu. J'avais, en outre, recueilli beaucoup de certificats pouvant servir à établir la preuve certaine de notre innocence.

. . . . . . . . . . . . . . . . . . . . . . . . . . . .

« J'étais de retour au Mesnil-Saint-Denis le mercredi. A mon arrivée, je vis le général et l'entretins longuement. Je lui remis les pièces établissant la preuve de notre innocence.

. . . . . . . . . . . . . . . . . . .

J'allais finir mon récit, lorsqu'il me dit : « *Et les prisonniers, vous ne m'en parlez pas?* — Je lui répondis : *Général, je vous ai promis la justification de la conduite des habitants d'Ablis, et j'espère vous l'avoir suffisamment prouvée : je me suis engagé à user de mon influence pour obtenir la mise en liberté de vos soldats, et pour me dégager de ma promesse envers vous, voici cette lettre; elle contient la réponse du gouvernement de Tours.* »

« A la lecture de cette lettre le général pleura ses hussards, et il me fit reconduire en prison.

. . . . . . . . . . . . . . . . . . .

« Le lendemain, à 9 heures, je me rendis au château : il y avait conseil de guerre. Après une heure d'attente, le général vint à moi et me dit doucement : « *Jeune homme, remarquez bien ce que je vais vous dire : j'ai fait quatre campagnes, j'ai été blessé à Gravelotte (ou à Mars-la-Tour); Ablis sera le plus triste jour de ma vie, et à mon lit de mort j'en conserverai le souvenir.* »

« Il s'arrêta, il était très-ému ; puis, reprenant, il me dit : « *Donnez-moi la main, vous êtes un brave, allez dire à vos amis qu'ils sont en liberté.* »

« A ce moment, il me vint à la pensée de lui demander une dispense de réquisitions pour nous préserver au passage des troupes, dispense que j'ai obtenue et qui nous fut si utile ensuite. Je lui demandai aussi les 5,000 francs d'argent, afin de les employer en secours pour les malheureux d'Ablis réduits à la plus grande misère; il me répondit qu'ils n'étaient pas à sa disposition, mais, sur ma demande, il m'en délivra un reçu.

. . . . . . . . . . . . . . . . . . . . . . . . . . .

« Le général vint nous conduire jusqu'aux avant-postes, et, là encore, après deux demandes infructueuses, j'obtins enfin la délivrance d'une seconde dispense de réquisition pour la commune de Prunay » (*Voir la pièce n° 7 à la fin de la brochure*).

Voici maintenant le rapport officiel de M. Noguette, maire de Prunay-sous-Ablis, sur le voyage de M. Barbier à la recherche des preuves de l'innocence des otages (*).

« Le 9, dès le matin, j'étais à Ablis : ce pays était presque désert; aucun secours bien efficace ne put être tenté contre l'incendie, et, pourtant, que de désastres! que de ruines! que de désolation! que de personnes sans pain et sans asile! Et à tant de barbarie, les bourreaux allemands en avaient ajouté une autre : vingt otages avaient été emmenés.

« Le lendemain j'appris qu'un des otages, M. Barbier, avait été mis en liberté sous promesse de se reconstituer prisonnier sous trois jours, après avoir usé de son influence pour obtenir la liberté des soldats prussiens faits prisonniers au combat d'Ablis, en échange de la délivrance des otages; il était, disait-on, parti pour Chartres, devant passer par Auneau et Béville. Parent du préfet d'Eure-et-Loir, et le connaissant intimement, j'eus l'espoir d'être utile à M. Barbier et partis à sa recherche. Je le rejoignis à

(*) Archives de Seine-et-Oise.

Béville et lui offris de le seconder dans sa pénible mission : il accepta. De Béville, nous nous rendîmes à Chartres après nous être arrêtés aux mairies de Houville et de Nogent pour y faire constater le passage de M. Barbier. Arrivés à Chartres à 6 heures du soir, nous fûmes aussitôt à la préfecture.

« M. Barbier rendit compte de sa mission à M. le préfet, en lui présentant son laisser-passer allemand.

« M. le préfet lui dit qu'il allait, de suite, télégraphier à Tours.

« Nous nous retirâmes.

« Quelques heures après, pendant que M. Barbier se reposait chez un parent de ses nombreuses fatigues, je retournai à la préfecture, où l'on venait de recevoir la réponse du gouvernement de Tours.

« En ma présence, en conseil de préfecture, M. le préfet rédigea la lettre suivante qu'il me pria de remettre à M. Barbier pour le major Schmitt. Suit la lettre :

« Chartres, 10 octobre 1870.

« A Monsieur le Major général Schmitt, 6ᵉ division de cavalerie au Mesnil-Saint-Denis.

« Monsieur le Major,

« Un habitant d'Ablis, nommé Barbier, prisonnier sur parole, s'est présenté à moi porteur d'un laisser-passer signé de vous, lui donnant mission d'user de son influence pour faire délivrer les hussards et les Bavarois faits prisonniers à Ablis. Monsieur Barbier ajoute que s'il n'obtenait pas avant le 13 la mise en liberté de vos soldats pris à Ablis, les quatorze habitants de cette ville emmenés par vos troupes seraient fusillés.

« Je ne puis croire, Monsieur le Major, que cette dernière déclaration ne soit pas le résultat d'une erreur ; il m'est impossible d'admettre qu'un officier général ait manifesté l'intention de commettre une pareille dérogation à toutes les lois de la guerre.

« J'ai cru cependant devoir télégraphier à mon gouvernement, en lui transmettant votre demande ; voici sa réponse :

*« La proposition et la menace du Major général prussien sont également contraires aux lois de la guerre ; les prisonniers prussiens le sont régulièrement ; quant aux habitants d'Ablis, pris sans armes, les passer par les armes ne serait qu'un ignoble assassinat que nous dénoncerions à la conscience européenne, et qui nous donnerait le droit d'exercer d'immédiates représailles : je vous autorise à signifier le texte de ma dépêche au parlementaire dont je ne m'explique pas la mission. »*

« Même sans cette dépêche, j'aurais répondu négativement à la proposition qui m'a été faite en votre nom, et cela pour deux motifs : le premier, c'est que les Allemands faits prisonniers à Ablis n'ont jamais été amenés à Chartres ; ils ont été dirigés immédiatement sur Tours. Les prisonniers n'ont donc jamais été à ma disposition, et je serais matériellement dans l'impossibilité de vous les rendre, lors même que j'en aurais eu la volonté ; le second, c'est que les habitants d'Ablis que vous retenez ne peuvent être considérés comme prisonniers de guerre : je puis vous affirmer sur l'honneur qu'ils n'ont pris aucune part à l'action dont vos troupes ont tiré de si sanglantes représailles ; que la surprise d'Ablis a été exclusivement le fait d'un détachement de francs-tireurs de Paris, arrivé inopinément. Vos soldats prisonniers n'ont été l'objet d'aucun mauvais traitement, et rien ne justifie les pillages, les meurtres et l'incen-

die dont vos troupes ont rendu victime une population in-
nocente. J'espère pour vous, Monsieur le Major général, que
vous êtes étranger à une pareille violation de tous les droits
de l'humanité, de toutes les lois de la guerre, aussi je crois
devoir vous signaler les faits afin que vous fassiez justice.
Je vous le répète, aucun des habitants d'Ablis, ou même des
environs, ne figurait parmi les francs-tireurs de Paris qui
vous ont attaqués. Cependant des habitants désarmés ont
été assassinés, le village d'Ablis a été pillé; sous menace
d'incendie, une contribution de 5,000 francs a été exigée, et,
après la somme reçue, la parole donnée par vos officiers a
été violée, l'incendie a été allumé par vos troupes et le pays
réduit en cendres.

« Je fais appel à votre conscience de chrétien, à votre
honneur de soldat, et je vous demande répression de la violation de toutes les lois humaines et divines commises par vos
troupes.

« Si de pareils actes restaient impunis, si surtout les menaces qui ont été faites aux quatorze habitants d'Ablis étaient
suivies d'exécution, l'armée allemande serait déshonorée
aux yeux du monde entier; tous nos efforts seraient impuis-
sants pour arrêter les représailles contre vos prisonniers,
la guerre entre nous deviendrait une lutte barbare et sans
merci.

« J'espère, Monsieur le Major général, qu'éclairé par ma
parole d'honneur sur la vérité des faits, vous déplorerez les
actes qui ont eu lieu, et que, comme première réparation,
vous m'accorderez la mise en liberté immédiate de mes
quatorze concitoyens (*).

« Veuillez agréer, Monsieur le Major général, l'expression de mes sentiments distingués,

« Le préfet d'Eure-et-Loir,

« Signé : E. LABICHE. »

(*) Ce chiffre est une erreur : vingt-deux habitants furent emmenés.

« Après lecture de cette lettre, qu'il trouvait rédigée en termes peu conciliants, et craignant qu'elle ne fût cause de la condamnation des otages, M. Barbier me dit qu'il ne pouvait la porter au major, et me chargea de prier M. le préfet d'en adoucir les termes. Retourné à la préfecture dès le matin, j'exposaï au préfet les scrupules de M. Barbier. Relisant cette réponse avec plusieurs conseillers généraux, il fut trouvé qu'elle était loin d'être compromettante pour les otages, et M. Barbier fut convaincu de la remettre au major. Partis de Chartres emportant cette missive et entrés à Ablis qui était encore en flammes, nous y passâmes le reste de la journée à sauver quelques épaves et à déterrer quelques précieuses cachettes prêtes à prendre feu.

« Le lendemain matin, avant de nous rendre au Mesnil, nous convinmes de passer par Dampierre pour y prier la duchesse de Chevreuse (*) d'intercéder auprès du major en faveur des otages. Madame la duchesse nous reçut avec une grande bienveillance et nous promit de faire l'impossible pour les malheureux otages ; et, après avoir pris connaissance de la copie de la lettre du préfet, elle engagea M. Barbier à la remettre au major sans hésitation.

« Il fut décidé avec madame la duchesse qu'après avoir accompagné M. Barbier au Mesnil, je reviendrais à Dampierre me mettre à sa disposition pour faire les démarches nécessitées par la situation.

« Arrivés au Mesnil, dernier terme de ce voyage, je quittai M. Barbier avec peine, et revins à Dampierre où je passai la nuit dans l'anxiété.

« Le matin, après la messe, madame la duchesse, revenue du Mesnil en toute hâte, m'annonça avec joie la bonne nouvelle de la délivrance des otages, et elle eut la modestie

---

(*) Nous croyons qu'il est question de la duchesse de Luynes.

d'ajouter que son intervention avait été inutile ; le major Schmitt ayant annoncé à M. Barbier, après l'avoir entendu et après avoir lu la lettre du préfet, la mise en liberté des habitants d'Ablis.

« Au Mesnil, vers dix heures, je trouvai M. Barbier libre depuis quelques instants, les autres otages gardés par des Prussiens, l'arme au poing, étaient occupés à tasser des meules de grain et devaient terminer leur besogne avant d'être mis en liberté.

« Ils furent ensuite conduits dans l'église, leur quartier général depuis trois jours, pour y prendre leur triste repas.

« Pendant qu'agenouillés autour de la gamelle, sur le sol humide, ils mangeaient leur maigre pitance, un officier (amère dérision) jouait des hymnes joyeux sur l'orgue de l'église. Je sortis, l'âme navrée, afin d'accompagner M. Barbier au château du Mesnil pour y recevoir du major l'ordre de délivrance. Quelques instants après, le major vint à notre rencontre, tenant à la main cet ordre ainsi que sa réponse, qu'il nous chargea de remettre au préfet. Puis, commentant gaiement un passage de la lettre, il ajouta : nos représailles à nous, c'est votre mise en liberté.

« Il nous accompagna jusqu'au Mesnil, et, paraissant avoir des remords de l'incendie d'Ablis, il nous dit : « A mon lit de mort, je me rappellerai de cette malheureuse affaire. »

« Alors, je lui exposai que bon nombre d'habitants d'Ablis, sans pain et sans asile, s'étaient réfugiés dans la commune de Prunay, et qu'elle regardait comme un devoir de leur continuer l'hospitalité encore longtemps ; et, à ma demande, il me délivra un ordre en allemand, dont voici la teneur :

« *Il ne faut pas faire de réquisition dans la commune de*

*Prunay, attendu qu'elle a donné asile aux habitants d'Ablis. Cette note servira de pièce justificative dans le cas où des troupes pénétreraient dans la commune pour y faire des réquisitions.*

*Quartier général, le Mesnil-Saint-Denis, le 13 octobre 1870.*

*Par procuration.*

*Signé :* SCHMITH,

*Major général, commandant la division.*

« Avec les otages escortés par trois hulans, nous partîmes pour Rambouillet, où devait avoir lieu la complète délivrance. Là, le commandant de place, après avoir lu l'ordre du major, nous fit conduire au milieu d'une haie de soldats, le fusil chargé, hors de Rambouillet, à un kilomètre dans la plaine, où nous fûmes définitivement libres.

« Après avoir quitté à Ablis les malheureux otages, heureux de retrouver leur famille après tant d'angoisses, je partis dans la nuit pour Chartres remettre au préfet la réponse du major, dont voici la traduction :

« Quartier général, le Mesnil-Saint-Denis, 13 octobre 1870.

« *Au préfet d'Eure-et-Loir. M. Labiche* (honorable).

Monsieur le Préfet,

« J'ai eu l'honneur de recevoir une lettre de vous, laquelle renferme la réponse du gouvernement de Tours sur ma demande de rendre la liberté aux prisonniers faits par les francs-tireurs dans l'attaque d'Ablis et le combat dans les rues, le 8 de ce mois. Le gouvernement repousse cette mise en liberté comme contraire aux lois de la guerre ; vous-même, dans vos motifs, vous vous associez à cette décision, et vous protestez contre les représailles qui ont été exercées de notre côté par la force des choses contre cette surprise abominable. Sans entrer avec vous en aucune façon dans la justification de cette surprise et sans m'engager dans une question de principes à cet égard, je vous dois faire ici la déclaration simple que le détachement qui est entré le 7 au soir dans Ablis a été attaqué, dans la nuit qui suivit, aussi bien du dedans de la ville que du dehors ; le combat a même commencé dans l'intérieur de la ville, auprès des grandes écuries de la cavalerie, et on a, entre autres, tiré sur la troupe de plusieurs fenêtres. Comme je viens de le démontrer plus haut, il n'y avait point de francs-tireurs engagés dans le combat, et point de troupes régulières, pas plus que de gardes mobiles.

« Les francs-tireurs, toutefois, se trouvent en dehors des lois de la guerre ; ce ne sont point des soldats ; ils ne sont ni disciplinés, ni organisés ; ils n'obéissent point à leurs chefs et tournent même leurs armes contre ceux-ci, quand ils ne veulent pas les laisser agir selon leur volonté. Il existe des preuves authentiques de ces faits ; en conséquence, et en raison même des extorsions dont ils se rendent coupables, ils sont la terreur des paysans qui n'envisagent leur arrivée qu'avec effroi. Que ces francs-tireurs se placent eux-mêmes en dehors des lois de la guerre, en dehors même de toute espèce de loi, c'est ce que prouve l'incident suivant, confirmé par des témoins dignes de foi.

« Bien que le combat d'Ablis, le matin du 5 de ce mois, fût fini depuis longtemps, et bien que le reste de nos troupes eût évacué la ville depuis une demi-heure, les francs-tireurs qui se trouvaient maîtres de la ville ont placé contre les murs de la ville trois des hommes faits prisonniers, savoir : le vétérinaire *Nommels*, le trompette *Haseloff*, et le hussard *Schröder*, tous du régiment du Schleswig-Holstein n° 16 ; sans aucun motif général ou particulier (entre autres, ils n'avaient fait aucune tentative de fuite), ils ont tué de sang-froid ces hommes (*). Bien qu'il ne pût pas exister le moindre soupçon qu'ils aient été faits prisonniers de guerre dans un combat régulier, et que par le fait même ils étaient protégés par les lois de la guerre.

« Ainsi n'agit aucun soldat ; le soldat honore le soldat qui est pris, l'ennemi qui tombe dans ses mains ; il ne lui fait pas sentir son malheur, il lui tend la main, il est magnanime et plein de grandeur à son égard.

« C'est ainsi que cela se pratique dans notre armée, et toute personne qui maltraite un prisonnier est sévèrement réprimandée. Mais nos soldats n'ont aucun penchant de ce côté ; ils sont beaucoup trop débonnaires ; des centaines d'exemples nous l'ont démontré. Immédiatement après les combats les plus sérieux, même après l'excitation du coup de feu, ils ont partagé leur pain avec le prisonnier français. Je suis parfaitement convaincu qu'il en est de même dans votre armée, et que votre garde mobile nouvellement levée s'associera à cette coutume honorant le soldat qui a du cœur.

« Les francs-tireurs, qui ne reconnaissent aucune loi, qui sont sans discipline et sans subordination, qui rôdent à la sauvage dans les bois et se présentent à la façon des brigands, se mettent, par la nature des actes décrits plus haut, également en dehors des lois, et seront par conséquent traités sans façon par nous. Par leur conduite, en outre, ils se rendent coupables de la ruine des villes et des villages par où ils passent.

« Que le Roi soit par cela même amené sur un terrain où la frayeur qu'on a de lui devient plus grande encore, et que le bruit de sa cruauté et de sa dureté augmente toujours, cela s'explique tout naturellement ; nous le déplorons de

---

(*) Quelques jours après, les trois hommes dont il est question ont affirmé eux-mêmes leur existence en écrivant qu'ils étaient prisonniers à l'île d'Oleron. (Lettre du préfet d'Eure-et-Loir au major Von Schmith, en date du 18 novembre 1870.)

toute notre âme, mais nous devons nous reconnaître innocents de toute faute qui retombe de tout son poids uniquement sur vos agitateurs, lesquels rendent le pays misérable.

« Vous me menacez de représailles sur nos prisonniers ! Nous en avons plus que vous, comment cela finirait-il ? Cela deviendrait une guerre d'extermination. Comme preuve de ce que j'avance, de ce que nous pensons sous ce rapport, et que ce n'est pas un esprit de vengeance qui nous anime, sentiment qui serait ici tout naturel, j'ai voulu vous communiquer ma décision de ce jour, savoir : que les vingt habitants d'Ablis faits prisonniers seront mis eu liberté immédiatement, attendu que l'enquête qui a eu lieu sur leur compte n'a fourni aucune preuve de leur culpabilité lors de la surprise d'Ablis du 8 de ce mois.

« J'aurais facilement pu faire fusiller trois d'entre eux comme équivalent des trois hussards massacrés par vos francs-tireurs le 8 de ce mois au matin, sans aucun droit, sans aucun jugement, et contrairement à toutes les lois de la guerre; toutefois, je repousse cette idée, ma conscience ne le permettant pas. Peut-être que cette démarche rendra possible qu'à l'avenir et de votre côté les lois de la guerre seront mieux observées et avec plus d'humanité.

« Recevez, etc.

« Le Major général commandant la 6e division de cavalerie.

« *Signé :* Von Schmith. »

Les principaux actes de sauvagerie des Allemands pendant cette lugubre journée du 8 octobre 1870 furent ceux-ci :

Lorsque la tête de colonne du général von Schmith atteignit les premières maisons du village, trois habitants de Prunay, nommés : Alcide Goué, Mauguin-Rivière, Emmanuel Chartrain, qui s'étaient rendus à Ablis en curieux après le combat du matin, cherchèrent à regagner leurs maisons, malheureusement pour eux, ils eurent la fatale idée de courir. Les Allemands les fusillèrent aussitôt (*).

Quelques instants après, un malheureux ouvrier nommé Poinot, père de famille, était tué d'un coup de mousqueton, au milieu du village, par un hussard de l'escadron surpris le matin. Le corps du malheureux Poinot resta étendu dans la rue toute la journée, et ne cessa d'être en butte aux brutalités des soldats allemands.

Au même moment, et en présence de M. Renaud père, cultivateur à Ablis, un franc-tireur nommé Victor Foubert, âgé de 30 ans, était fusillé par nos ennemis, à l'entrée du village, contre la grille du jardin de M. Marcille.

M. Noguette, maire de Prunay-sous-Ablis, raconte en ces termes un meurtre commis à deux kilomètres de son habitation par les uhlans lancés à la poursuite des francs-tireurs :

« (**) A peine arrivé chez moi depuis une heure, après le passage d'une patrouille, quelques coups de feu se font entendre. Bientôt après, une femme qui passait sur la route de Chartres vint m'informer qu'un homme, fusillé par des Prussiens, était mourant dans un fossé. Accompagné d'un habitant, nommé Honoré Lesieur, je courus lui porter secours.

(*) Cet atroce assassinat a inspiré à un poète du lieu des strophes qui figurent à la fin de la brochure.
(2) Archives de Seine-et-Oise.

« Sortis de Gourville, nous fîmes rencontre d'une voiture ; le conducteur nous affirma qu'un blessé était à un kilomètre de là, mais il n'avait osé le secourir parce qu'une troupe de Prussiens séjournait non loin de là. En effet, un peu plus loin, nous trouvâmes un jeune homme gisant dans son sang, les reins traversés de deux balles ; il était encore vivant. Nous l'emportâmes, sans que les Prussiens postés à quelques centaines de mètres eussent essayé de nous inquiéter.

« Confié, chez moi, aux soins du docteur Lalaisse, de Gallardon, que j'envoyai quérir en toute hâte, ce malheureux jeune homme expirait dans d'horribles souffrances à dix heures du soir.

« Il m'avait raconté :

« *Je me nomme Hardouin (Félicien), j'ai vingt-cinq ans, je suis marié et père d'un enfant ; j'habite la Celle-les-Bordes ; je revenais de conduire à Mamers ma femme et sa mère, ainsi qu'une vache et du ménage, le peu que je possède, pour le mettre à l'abri des Prussiens, lorsque, accompagné de mon beau-père, je fus rencontré par des cavaliers prussiens.*

« *Arrêté par les soldats, qui m'accusaient d'être franc-tireur, en me frappant de coups de sabre, je perdis la tête et m'échappai en sautant le fossé de la route. Je voulais gagner la plaine, lorsque je fus atteint de deux coups de feu qui me clouèrent sur place. Mon beau-père a été attaché à la queue des chevaux et emmené par les Prussiens.* »

« Le lendemain, le beau-père me réitéra ce que son gendre m'avait raconté ; de plus, il me dit, en me montrant son pantalon usé et ses genoux ensanglantés :

« *Je ne pus suivre le galop des chevaux, je tombai et fus*

*traîné jusqu'à Essars. Là, en compagnie de deux autres personnes qu'ils venaient d'arrêter dans la plaine, les Prussiens nous firent agenouiller en nous menaçant à chaque instant d'être fusillés, et nous lâchèrent après quatre heures d'angoisses mortelles.* »

Nous avons dit que dès l'arrivée des Allemands à Ablis, vers neuf heures, trois habitants de Prunay avaient été fusillés. A quatre heures du soir, au moment où les otages, rangés sur la route de Rambouillet à la sortie du village, allaient être emmenés, un officier s'aperçut que l'un des fusillés, nommé Goué, était encore vivant. Il s'approcha de MM. Barbier et Desilve, qui avaient au bras le brassard d'ambulancier, et leur demanda s'ils voulaient soigner le blessé. Ces messieurs acceptèrent, mais demandèrent à être mis en liberté. Soit que l'officier ait regretté son mouvement d'humanité, soit que la demande de MM. Barbier et Desilve lui parût inadmissible, il retourna auprès du blessé et fit signe à un cavalier de l'achever. Celui-ci se plaça en face du mourant et l'ajusta avec son mousqueton; mais, gêné par le regard suppliant du moribond, il quitta sa position et vint se mettre à la tête du malheureux pour l'achever sans être vu de lui. Mais Goué *sentait* le coup venir et cherchait à l'éviter en remuant la tête. Cette pantomime désespérée ne toucha pas ces brutes féroces, et une balle vint, en lui trouant la tête, mettre un terme aux souffrances du malheureux martyr.

C'est sous l'effroyable impression de cet atroce assassinat que les otages prirent le chemin de leur prison.

# ÈPILOGUE.

On a vu que le général von Schmith avait donné aux communes d'Ablis et de Prunay une dispense de logement et de réquisition.

En ce qui concerne Ablis, la dispense eut son plein effet, excepté toutefois lors de la retraite des Bavarois, après la déroute d'Orléans.

A ce moment, les troupes qui traversèrent Ablis pillèrent les ruines elles-mêmes, et un cultivateur, M. Labiche, dont la ferme avait été incendiée le 8 octobre, se vit enlever ainsi ce que le premier désastre lui avait laissé.

Quant à la commune de Prunay, sa dispense lui fut volée de la façon suivante.

Un officier vint faire une réquisition. Le maire, M. Noguette, lui présenta sa dispense. L'Allemand demanda à la montrer à son général, le duc de Mecklembourg, qui était à Auneau (*). La dispense lui fut confiée. L'officier partit, revint coucher à Prunay, et ne fit pas de réquisition; mais,

(*) Chef-lieu de canton d'Eure-et-Loir.

sous différents prétextes, il ne rendit pas la pièce qui lui avait été confiée.

En revanche, ses hommes amenèrent une vache qui avait le typhus et qui le communiqua à quinze autres appartenant à M. Noguette, lesquelles en moururent.

*
* *

L'incendie d'Ablis détruisit complétement 64 maisons
et en détériora gravement.. . . . . . . . 34
Total. . . . . 98 maisons
sur 188 durent être reconstruites ou réparées.

De ce chef, les habitants supportèrent une perte de.. . . . . . . . . . . . . . 572,485 fr.

La valeur du mobilier détruit, la perte de récoltes et de bestiaux se chiffrent par une somme de. . . . . . . . . . . . 709,115 »
1,281,600 fr.

Ce chiffre de 1,281,600 francs fut arrêté et admis, après examen contradictoire et expertises ayant pour objet de le réduire à sa plus simple expression.

Les sinistrés ont touché, tant en argent qu'en bons de liquidation, 512,640 francs.

Cela fait 40 0/0 de pertes éprouvées.

La majeure partie des habitants ne se relèvera jamais d'un pareil désastre.

M. Barbier a été décoré.

Pièce N° 1.

Ablis, le 25 novembre 1870.

Monsieur le Maire,

Le conseil municipal d'Ablis croit devoir vous informer qu'il a des communications de *haute importance* à vous soumettre, et il vous prie de venir le plus vite possible à la mairie d'Ablis.

*Pour le conseil municipal,*

MARCILLE.

Pièce N° 2.

DÉPARTEMENT DE SEINE-ET-OISE

—

ARRONDISSEMENT DE RAMBOUILLET

—

CANTON SUD DE DOURDAN

## COMMUNE D'ABLIS

Le 26 septembre 1870.

Le conseil municipal et les habitants d'Ablis délèguent, pour les représenter comme parlementaire auprès de M. le commandant des forces prussiennes, M. Noguette, maire de Prunay-sous-Ablis, à l'effet de demander la mise en liberté de M. Marcille, premier conseiller municipal de la com$^e$ d'Ablis faisant fonctions de maire.

Les conseillers municipaux de la commune d'Ablis.

Bailly Ad. Haracque, O. Lancelin, Barbier; 68 signatures d'habitants.

**Pièce N° 3.**

DÉPARTEMENT DE SEINE-ET-OISE

ARRONDISSEMENT DE RAMBOUILLET

CANTON SUD DE DOURDAN

## MAIRIE DE CRACHES

L'an mil huit cent soixante et onze, le 19 mars, à deux heures de l'après-midi, le conseil municipal de la commune de Craches s'est réuni officieusement au lieu ordinaire de ses séances sous la présidence de M. l'adjoint au maire.

Étaient présents messieurs : Cornu, Clouzeau, Hoche (Frédéric), Hoche (Charles), Cottereau (Baptiste), Durand, Doret, Bordelet, Léger et Cottereau adjoint.

**Affaire Cordry** — Monsieur l'adjoint expose que le sujet de la réunion était l'arrestation du Sʳ Cordry, institutʳ de Craches, en date du 25 septembre 1870.

Le Conseil municipal :

Vu l'exposé de M. l'adjoint,

Considérant d'une part que le sieur Cordry est rempli de zèle et de dévouement; qu'il remplissait les fonctions de modeste instituteur; que les habitants de Craches étaient satisfaits de ses services; qu'en tirant sur les Prussiens le 15 septembre il a agi d'après ses sentiments patriotiques;

Considérant d'autre part que, si la commune l'a arrêté et garrotté cedit jour, elle avait certainement subi l'influence du conseil municipal de la commune d'Ablis, qui avait ordonné qu'on le retînt en attendant que les deux personnes d'Ablis mises en prison par les Prussiens fussent mises en liberté,

Est donc d'avis :

Que le sieur Cordry reprenne à Craches ses fonctions

d'instituteur le plus tôt qu'il lui sera possible, et assure vivre avec lui en bonne intelligence comme si rien n'eût existé.

Fait en mairie à Craches, le 19 mars 1871.

Tous les membres ont signé la présente délibération.
Cornu — Léger — Cottereau — Hoche — Durand — Hoche — Clouzeau — Doret — Cottereau — Bordelet.

---

**Pièce N° 4.**

12 février 1872.

La commune de Craches, timorée par les récits erronés de la plupart des journaux d'alors et dénoncée par celle d'Ablis, s'est livrée sur la personne de l'instituteur à une démonstration dont elle n'a cessé depuis d'exprimer ses regrets ; elle est unanime à adresser des remerciements à M. le maire de Prunay-sous-Ablis qui l'a retenue dans ses excès et lui a évité la honte de se souiller.

L'instituteur, revenu de l'armée, a repris son ancien poste et continue de vivre en bonne intelligence avec tout le monde.

le Maire,

COTTEREAU.

**Pièce N° 5.**

*A Monsieur le Maire de la commune de Prunay-sous-Ablis.*

Monsieur,

Je vous transmet d'après ce que vous m'avez demandé au sujet de l'arrestation de M. Cordry instituteur.

Le dimanche 25 septembre 1870 et après que nous avons vu les Prussiens s'en retourné d'Ablis avec les armes de ces derniers, je suis allé avec mon frère, Pichard et Bordelet de Craches à Ablis pour savoir ce qui s'y était passé, nous sommes descendus chez M. Lesage qui était là avec M. Barbier. Est arrivé M. Labiche. On savait déjà, quand nous sommes arrivés, que c'étaient deux personnes de Craches qui avaient tiré sur les Prussiens en s'en retournant d'Ablis; aussi, comme étant de Craches, nous n'avons pas été bien accueillis en essayant de protéger l'instituteur; disant qu'il était engagé dans les francs tireurs, nous ne faisions qu'augmenter la haine.

Avant de nous enretourner, M. Barbier, représentant la municipalité d'Ablis, nous a chargé de dire au maire de Craches ou, en son absence, à l'adjoint de ne pas laisser échapper de la commune les deux personnes en question; qu'il ne voulait pas être responsable des actes des autres communes, que s'ils veulent les tirer, qu'il les tirait sur leur propre commune.

Il nous a donné à sentir que les Prussiens avaient été tirés par 2 personnes, qu'il fallait que la commune d'Ablis les trouve, et que si le maire de Craches ne faisait pas son devoir, c'est lui qui en serait responsable. Il a ajouté : avons deux personnes innocentes d'emmenées, nous ne les laisseront pas fusiller pour deux coupables. Il était fortement appuyé par les personnes d'Ablis présentes.

Il faut que j'ajoute que M. Barbier disait à la commune de Craches de remplir ces mesures comme manière de prévoyance en attendant le retour de MM. les maires d'Ablis et de Prunay qui étaient allés voir le chef de Rambouillet.

Voilà, monsieur le maire, l'exacte vérité de ce que vous m'avez demandé ainsi que me l'ont parfaitement rémémoré les personnes qui étaient avec moi, et quant arrivé à Craches, l'adjoint pourra vous dire le reste. Quant à nous nous avons rempli notre mission.

Recevez, etc.

*Signé :* CLOUZEAU.

Vn et approuvé l'écriture ci-dessus,

Craches le 19 mars 1871

*Signé :* BORDELET.          *Signé :* CLOUZEAU.

*Pour le sieur Alexandre Pichard qui ne sait signer :*

L'adjoint de Craches.

*Pour la légalisation des signatures de MM. Bordelet et Clouzeau,*

*Pour le maire, l'adjoint,*

COTTEREAU.

# LISTE DES OTAGES.

BARBIER (Louis-Athanase); — LOISE (Louis); — DESILVE; — MESLOT; — HARACQUE; — LABICHE; — MAUGUIN (Pierre); — DUMONT; — ROTER (Louis); — GAGÉ (Charles); — DUCORÉ; — LEFÈVRE (Alexandre); — ANDRÉ (Denis); — TERRAL; — DUCLOS; — VENDERÉDEN; — LASSELIN; — SAUCIER (Jules); — MOREAU; — PREVOTEAU; — CHAPELLIER; — X.

DÉPARTEMENT DE SEINE-ET-OISE
—
ARRONDISSEMENT DE RAMBOUILLET
—
CANTON DE DOURDAN
—
Dispense de réquisitions à la
come de Prunay par l'autorité
allemande.

**Pièce Nº 7.**

# COMMUNE D'ABLIS

10 avril 1871.

Le conseiller municipal faisant les fonctions de maire d'Ablis déclare qu'en sa présence, et en raison des événements qui se sont produits à Ablis, M. le maire de la commune de Prunay-sous-Ablis a obtenu de M. le major général Schmidt, au quartier général du Mesnil-St-Denis, une dispense de réquisitions à la date du 13 octobre 1870, ainsi conçue :

« Il ne faut pas faire des réquisitions dans la commune de « Prunay, attendu qu'elle a donné asile aux habitants d'Ablis. « Cette note servira de pièce justificative, dans le cas où des « troupes pénétreraient dans la commune pour y faire des « réquisitions.

« A G. le Mesnil-St-Denis, le 13 octobre 1870.

« *Par procuration,*

« O Schmidt,

« Major général et commandant la division.

Il reconnaît en outre que la commune de Prunay a prêté son concours le plus charitable pour alléger les souffrances et les privations des malheureux habitants de la commune d'Ablis.

En foi de quoi il a délivré le présent pour servir et valoir ce que de droit.

Le conseiller municipal faisant fonctions de maire d'Ablis.

Barbier.

Clichy. — Imprimerie Paul Dupont, rue du Bac-d'Asnières, 12.

# SOUVENIR D'ABLIS.

## 8 octobre 1870.

PAR L. DELISLE.

———

Ma mère, entendez-vous?...
Bien vite, levons-nous.
N'est-ce pas au lointain le bruit de la bataille :
C'est le soldat français qui lance la mitraille
Sur le soldat germain.
Vite, éveille mon père,
Ne dis pas la prière,
Dieu nous pardonnera, nous la dirons demain.


On dirait que le bruit
S'approche..... Non..... Il fuit.....
Ah! si j'étais plus grand! Je serais volontaire,
Je serais brave aussi sous l'habit militaire.
Frappez, frappez, soldats;
Sauvez notre patrie;
Chassez, en Germanie,
Le tyran, ses soldats, si lâches aux combats.


Le soleil radieux
S'élève dans les cieux,
De son disque, éclairant le palais, la chaumière.
on nombre de Germains sont couchés sur la terre.

Tiens, mère; en vois-tu trois
S'éloignant de la ville?
Chacun, pour être agile,
Jette son lourd manteau en rejoignant les bois.


L'on n'entend plus de bruit,
Le combat se finit.
Quatre-vingts francs-tireurs, par leur valeur guerrière,
Ont, à deux cents Prussiens, fait mordre la poussière.
Mais, hélas! ils s'en vont!
La ville est sans défense!
Aussitôt, par vengeance,
Plusieurs mille Germains amènent leurs canons.


Mère; de tous côtés,
Fantassins, cavaliers
Sont bientôt près de nous. Oh! j'ai bien peur, ma mère!
Rentrons vite chez nous; viens sous notre chaumière:
Évitons leur fureur.
Entends-tu? quel tapage!
Ils sont dans le village :
Les pas de leurs chevaux me donnent la frayeur.


A l'horizon lointain,
Vois-tu sur le chemin
Hommes, femmes, enfants s'éloignant de la ville?
Chassé par l'Allemand, il faut être docile.
Dieu! La ville est en feu!
Quelle épaisse fumée
Monte vers la nuée!
Oh! les lâches Teutons, ils en ont fait un jeu!


Mon père ne vient pas,
Que fait-il donc là-bas?
L'auraient-ils fusillé? Dis-le-moi donc, ma mère!
Oh! dis-moi, je t'en prie, où se trouve mon père!

Dis-le-moi!... Dis-le-moi!...
Comme mon cœur palpite!
Partons donc, au plus vite,
Chercher dans le village et même dans les bois.


Hélas! c'était en vain!
Sur le bord du chemin,
L'enfant vit son cadavre étendu sur la terre ;
Les yeux mouillés de pleurs, en embrassant sa mère,
Dit : « Tel était son sort!...
« Jeune, j'ai du courage,
« Plus tard de ce village,
« Crois-moi, je partirai, j'irai venger sa mort. »


Pour l'honneur de la France,
Français, crions : Vengeance !
Allemands et Saxons,
Mettez bien en mémoire
Qu'un jour, sur vos canons,
Nous chanterons : Victoire !

DELISLE.

Prunay-sous-Ablis, décembre 1873.

---

Clichy. — Imprimerie Paul Dupont, rue du Bac-d'Asnières, 12.